Chispitas de carne

Chispitas de carne

Bibiana Collado Cabrera

La Bella Varsovia

ANAGRAMA

Primera edición: septiembre de 2024

© De los poemas, Bibiana Collado Cabrera
© Del *collage* de cubierta, Rocío Romero
http://laotrarous.weebly.com/
© De esta edición, La Bella Varsovia
Editorial Anagrama, S. A. U.
Pau Claris, 172
08037 - Barcelona
http://www.labellavarsovia.com

Edición:
Elena Medel

Corrección ortotipográfica:
María Martínez Bautista

Diseño de cubierta:
Oscar Tomás / Lamala Producciones

Impresión y encuadernación:
Liberdúplex

ISBN: 978-84-339270-6-4
IBIC: DCF
Depósito legal: B-8878-2024

Printed in Spain

Chispitas de carne

*Si yo no hubiera sido, el alma mía
repartida pondría en cada cosa
una chispa de amor...*

Dulce María Loynaz

I
HIJA PRÓDIGA

Mamá, he vuelto y traigo un hombre de la mano.

He vuelto de las nieblas del futuro
que me hicieron creerme quien no era;
he vuelto de la noche, rota en placas
como la lengua de un glaciar en el verano;
he vuelto del invernadero al que alguien
            a escondidas
rajó los plásticos de la cubierta.

Me hirieron los gorriones, los contratos,
las esquirlas de hueso, las pantallas-vitrina
que me expusieron, que me inventaron.
Me hirió el horizonte en llamas
de un amor que resultó hueco,
de un diablo que me quiso loca.

De todo aquello solo queda
un corte pequeño, preciso,
como el del filo de una hoja
en la yema del dedo.

Rota la piñata y sucias las golosinas
por el suelo, emprendí el camino de vuelta
aunque no lo supiese entonces.

Me curaron los días y sus leyes naturales,
su efecto de vendimia: de recolección y fiesta,
su lento colocarnos a cada uno en nuestro sitio.

Me curó una pasión limpia
que norteó todas las orquídeas de mi cuerpo
y depositó la vida sobre mis palmas abiertas.

Con él vuelvo a tu casa, con él de la mano,
para poder fundar la mía.

II
FUNDAR MI CASA

¡Mi vida toda es una boca en flor!

Delmira Agustini

Las aguas pasarán
a través de otros cauces
más secretos, más hondos,
por otros arcaduces
que tú y yo sabemos.

Ernestina de Champourcín

Sospecha

Me reía de los ritos, de las parejas
que parecían bien ancladas,
de las que colman el aparador
de sus padres con fotos,
de las que dicen
demasiado alto que se quieren.

Con una risa de almendra amarga
me reía, como todos los jóvenes,
para protegerme de la perfecta
esfera del futuro
y su silenciosa promesa
de romperse.

Con la soberbia ácida y precoz
de la fruta que aún no está madura.

Con el rabillo del ojo miraba
sus muestras de cariño, sus costumbres,
la baratura de su inocencia
que alguien nos había enseñado
a despreciar.

Me creía más lista, como todos
a esa edad, más ambiciosa.
Pero el repicar de mi risa,
alta y de bronce,
no lograba acallar su murmullo
de agua que brota.

Empuñaba el filo de vinagre
contra sus rutinas de amor.
Me reía y lo aferraba
con la fuerza que solo puede aplicar
aquel que duda.

ARROJO

Era tan fácil que no podía creerlo.

Tan fácil como subir la trampilla
y dejar que el agua de la acequia
corriera entre los caballones
empapando los surcos.

Tan fácil como resguardarse
de la lluvia bajo el techo de uralita
y escuchar la grandiosidad del cielo
decantarse sobre el cobijo.

Me enseñaron que el amor era un amanecer feroz.
Una promesa de gloria, incumplida de antemano.
Un huracán oscuro que destruye para ser eterno.
Una puerta desquiciada que no es capaz
de contener la fuerza que genera.

Y no me hablaron de la luz
que se cuela en las casas muy temprano
para volcar la paz sobre tu rostro.
Ni de la sonrisa serena
que nos colma la boca
al estrechar las manos
y mirar el futuro
abierto como un pan sobre la mesa.

De verdad que no sé por qué nadie me habló
de los cuerpos que se estremecen porque se conocen
y se amarran al centro de la vida

21

con la verdad honda de su ansia.

En realidad, era tan fácil
como abrir la jaula del tormento
para dejar que se deshaga
entre el prodigio de las hebras de aire

y tener el arrojo de escoger
a una persona buena
con quien volver a caminar
por el campo de mis padres.

Por mí y por todas mis amigas

Por todas las veces en que salí a la noche
cuajada de pequeñas grietas
y un hombre me consideró hermosa por ello
y me convenció de que el azul de los cortes
era brillante

y me deseó rota.

Por todas las veces en que yo misma
alimenté la llama amarga del tormento
y la creí belleza

y la creí yema de amor,
del único posible
en un bosque de referentes culturales
que me hacía sentir
inexplicablemente cómoda entre espinas.

Por todas las veces que confundí
seducción con herida,
inteligencia con tristeza.

Y, sobre todo, por todas las veces
que tuve nostalgia del daño
y me empeñé en dolerme.

Por todas y cada una de esas veces
beso la risa que se te derrama,
salto de agua fresca que empuja

hacia adelante con el ímpetu
de lo que es siempre nuevo.

Por cada una de ellas
mi cuerpo se abre camino en el tuyo
y se expande gozoso
con la radiante inercia
de un músculo que ha sido contraído
demasiado tiempo
y deja de pronto de ejercer fuerza.

Por cada una de ellas,
canto la valentía
de los que eligen querer bien.

EL PACTO

No nos hizo falta jurar.

El mundo se nos ofreció,
como uno de esos libros
de la niñez
en los que al abrir la portada
se nos desplegaban ante los ojos
mil naturalezas de cartulina.

Bajito nos dijimos
que la luz era nuestra

y nuestros ojos empezaron
a despedir un brillo caudaloso
como el de los dibujos japoneses
que veíamos de pequeños.

Bajito nos dijimos
que el cielo era nuestro

y nuestros dedos se alargaron,
como chicles rosas, elásticos
en su travesía por las esferas
para señalar galaxias remotas.

Bajito nos dijimos
que la tierra era nuestra

y nuestros pies echaron rápidas raíces

que se adentraron en las entrañas de arcilla
partiendo cada una de las capas
—marrón, naranja, roja—
que habíamos leído
en el libro de Naturales.

Bajito nos dijimos
que el océano también era nuestro

y nuestros cuerpos decididos
se sumergieron en las aguas,
y respiraban
bajo el techo translúcido del mar.

Bajito nos dijimos que nos queríamos

y una hermosa jungla verdeció en nuestro pecho
llena de frutos y árboles resplandecientes
para que fuéramos saltando
de copa en copa
por encima del miedo
que heredamos de nuestros padres.

No nos hizo falta jurar.

Supimos de la verdad de este pacto
cuando nos dimos cuenta
de que no echábamos de menos nuestra infancia.

Acuíferos

Existe una calma vibrante
que aguarda silenciosamente en nuestros cuerpos.

Un laberinto de aguas que no se detienen
aunque a veces se confunda su continuo fluir
con una falsa quietud. Un reino que excava
nuestros adentros creando galerías secretas,
ramajes líquidos, hermosos hilados bajo la piel.

Un regadío constante y discreto
que conserva la vida, latente, en nuestro abrazo.

De pronto, una caricia certera descubre
el rumor del cauce que corre en las entrañas
e imprime un nuevo ritmo a su transcurso
arremolinando el agua en las caderas.

La sed empieza a palpitar en nuestros ojos.
Una añoranza de manantiales nos sobrecoge
y queremos brotar.

La superficie cede
y adentramos las manos
en nuestros cuerpos
como si lo hiciéramos
entre los terrones del campo
y las sacamos mojadas, triunfantes.

LA BÚSQUEDA

Mirábamos a todas las parejas
con la glotonería
que acompaña al tiempo primero.

Los pasados formaban una pila
adentro
contra alguna pared del patio.

De nada nos servía su enjambre de derrotas,
su pan de oro cayendo en desconchones,
su punzón de escuela con la punta doblada.
El amor nos había hecho felizmente sordos
al ruido viejo de rejones.

Nuestro querer tenía un pulso adánico.

Por eso estudiábamos las distancias,
las palabras, los gestos de todas las parejas.
Rastreábamos nuestro temblor en el suyo
deseando encontrar verdad.
Ansiábamos referentes, los construíamos
con la voracidad de quien desea,
sobre todas las cosas,
que esta vez sí salga bien.

Buscábamos la juventud
en los ojos de nuestros padres,
la calma en los de nuestros enemigos,
la alegría en las bocas

de los que siguen amándose.

Y la encontramos.

CRUJE

Pensé que nunca llegaría
pero llegó

el girasol del tiempo
gozoso
que entorna su cabeza
cada mañana hacia la claridad,

el gorjeo-risa afluyendo hacia la boca,
extendiéndose a lo largo de los días

como mi cuerpo desplegado
sobre la orilla de este río,
hecho de paz y de deseo
vibrando intermitentemente.

Cuando nos alejamos, se escucha un chasquido
idéntico al que produce la lengua
al separarse bruscamente
del paladar.

Y volvemos al tiempo grávido del mundo
y corremos de un lado a otro como todos,
pero nuestras horas avanzan salpicadas
de pequeños estallidos de memoria
que irán cuajando de luz nuestro reencuentro.

De vuelta a casa,
el amor cruje, dorado, sobre tus labios.

Y yo bendigo
el placer de sentir hambre
y la gloria de saciarla.

Primavera

Madres, que resplandecéis
desde el círculo perfecto de vuestro vientre,
que arrasáis el orden del mundo,
anatómico e imponderable,
y lo reconstruís con el dolor de vuestros cuerpos,

pensad que también vuestras hijas
serán naturaleza pujante que rompe
la tierra que las guarda.

Mujeres, que sentís la ferocidad del apego,
que sabéis del amor colmado
y su amenaza de fragilidad constante,
que generáis el prisma exacto del vacío
en vuestra carne tras el parto,
que estáis ya para siempre unidas
al fruto y sus volúmenes crecientes
que se irán alejando imparables
e inventarán la soledad más pura,

solo vosotras conocéis
lo que es realmente el miedo.

Sabed que no podréis evitar el prodigio
de la vida sobre sus músculos,
el peligro de su deseo.
Completas y libres en sus errores,
lejos de vuestros brazos.

Pero cuando todo esté seco
y las horas de luz sean muy pocas
y una nostalgia de entrañas os espine las manos,

recordad que Perséfone siempre regresa.

Entusiasmo

Recuéstate sobre mi vientre,
aquí, sobre los centros
donde confluyen tantas veces los dolores,
donde se siembran entre espasmos las delicias.

Acércate aún más
y palpa mi piel con el asombro
de quien llega a la tierra
sobre la que edificará su casa.

Apoya tu mejilla en el costado
y huele conmigo la ferocidad dulce del deseo,
la vida aconteciendo entre chispitas de carne,
el regalo de la salud en nuestras ganas.

Guarda estos instantes en ti
porque volverán a pasarnos por el corazón
cada vez que dudemos.

Ven,
deja que mi cuerpo se arquee
y te proyecte, como una flecha, hacia el futuro.

Tiempos modernos

Leímos tantas veces sobre el paraíso
perdido de la infancia,
su sonoro relumbre
antorchando la senda hacia el adulto,
su añoranza que sacia
como miga de pan bien prieta,
sus cantes y sus juegos
cuajados en cristales
de un tiempo que era hermoso
por la razón rotunda
de estar muy lejos de la muerte.

Pero lo cierto es que nosotros
no recordamos risas
como racimos
engarzándose en nuestras bocas,
ni meriendas de luz,
ni el escozor chispeante de la vida
abriéndose camino.

El colegio podía ser un enramado
agudo de soledades pequeñas
y la lógica gremial de los niños
se deshizo al ser expulsados
del reino de las calles.

Los mayores entonces trabajaban
más de lo que podían, siempre fuera.
Sus nervios puntiagudos nos herían sin querer

cuando arropaban nuestros sueños en la noche,
después de columnas infinitas de horas
alzadas sobre las fábricas y los huertos.

Amor se convirtió
en sinónimo de cansancio.

Dinero

Qué desvalidos manamos a la vida.
Cuerpos como hiedras asaltando los años.
Puntales, sin saberlo, de ese pozo,
de esa elipsis encarnada que es el dinero.

¿Ves la grieta profunda
que quiebra nuestra educación sentimental
como una roca en mitad del bosque?

Mucha gente que habla
pero no sabe, igual que nosotros.
Y tiembla en la intemperie de la burocracia
y acepta porque se empecina en el futuro.

Qué ternura vernos firmar una hipoteca.

Dinero II

Pero aguardando detrás de cualquier esquina,

el golpe de efecto, el codo
salido de su sitio,
los días y su variabilidad
construida con las ramas quebradas
que conforman el nido.

La caída, la llaga,
los plazos.

El hueso queriendo asomar a través de la piel.
No ser capaces de pagar.

Alguien que dice de fondo: sois jóvenes,
tenéis toda la vida, saldréis adelante.

Yo me estremezco, te miro y pregunto:
¿saldremos?

SALUD

Antes de que se prenda
la luz en las mañanas,
palpo la solidez de su costado.

Esa extraña mudez camuflada en el arte
apenas me otorgó palabras
para exponer la hermosura de un hombre,
el hambre voraz de una mujer que desea,

la sana sacudida de un escalofrío
que recorre senos y vientre
y desalambra la fiesta del tacto
mientras lo veo vestirse con prisa.

Su olor colma mis ojos
y hace agua mis manos.
Las comisuras se me tornan
pájaro y sonrisa que vuela.
Y me desborda la robusta percepción
de que nosotros somos el mañana.

Sin embargo, en medio de esta euforia,
en ocasiones, sin ningún motivo,
siento un latigazo que me contrae,
una imagen fugaz y alucinada
en la que me parece ver
la flor de la enfermedad abriéndose
sobre tus hombros.

Por eso,
a veces, cuando ya me he despedido
y estoy a punto de marcharme,
me doy la vuelta una vez más
para conquistar la paz de una última mirada.

Como un relámpago, pienso en Orfeo.

Y me estremece la alegría radical
de que estés vivo.

Victoria

La hemos elegido nosotros
con una libertad avainillada
y luciente que nos creció
sobre los hombros
cuando dejamos de doler,

que nos brotó desde las yemas de los dedos
como las espigas de la pintura de Maruja Mallo
y nos sobrecogió con su erguirse elástico.

Salimos de la habitación cerrada de la angustia
y arcillamos la voluntad
para que creciera hacia el sol
tibio pero jubiloso de las ventanas.

Lo conseguimos.

Ruido de cascos

Como Jasón, como Aquiles,
te imaginé aprendiendo del sabio centauro,
dedicado a la alquimia lenta

de transformar los lirios frescos
que agitan en alto los niños

en las hortensias frondosas
de los que ya son hombres.

Maestro y discípulo enredando camino
y pensamiento cada tarde,
con la puesta del sol.

¿Qué secretos debió contarte
el bienhumorado Quirón al oído
para sanar la herida de tu timidez
y convertirla en médula de amor?

Solo el mentor de los héroes míticos
podía modelar este prodigio.

Así te había pensado yo tantas veces.

Hasta que nos anegó el deseo de tener hijos,
tan carnal y pujante como el otro.
Entonces me pregunté cómo serías con ellos.

Y me pareció que te acercabas a mí galopando.

Cambiar de idea

Cuando empezó a pasar el tiempo y no ocurrió,
nos sumergimos en el horror blanco.

Comencé a percibir con extrañeza
mi propio cuerpo,
   a sospechar de él.

Y en sueños veía mi vientre
como una zarza cuajada de espinas.

Tú callabas con esa tristura sobria
con que acogíamos la sangre de cada mes
y prosperaban abrazos densos de dudas
mientras quizá
también desconfiabas de ti mismo.

Yo maldecía a viva voz
a esta sociedad que me había hecho creer
falsamente joven por siempre,
la misma que canta la nana de la eterna espera
y precariza el amor de sus ciudadanos.

Y a escondidas recordaba a la adolescente
que exhibía su equivocada fuerza
proclamando que jamás tendría hijos.
Y casi podía escuchar la réplica
levemente cansada
de quien intuye
que no la creerán:

Pobre mamá,
                mi Casandra.

III
CONSTITUIRNOS GALAXIA

¡Un hijo, un hijo, un hijo! Yo quise un hijo tuyo
y mío, allá en los días del éxtasis ardiente,
en los que hasta mis huesos temblaron de tu arrullo
y un ancho resplandor creció sobre mi frente.

Gabriela Mistral

Ya sé: de carne se puede
hacer una flor: se puede,
con el poder del cariño,
hacer un cielo, —¡y un niño!—

De carne se hace también
el alacrán; y también
el gusano de la rosa,
y la lechuza espantosa.

José Martí

Transición

Nos enseñaron a cerrar el cuerpo,
a construirlo como una catedral románica:
compacto, robusto, fortificado.

Había que protegerse, nos dijeron.
Como si el mundo fuera una galaxia
    de niñas pariendo otras niñas.

¿Ves los gruesos muros que levantamos?

Como si el aire nos polinizara las pestañas.
Como si la modernidad hubiera venido
    para decirnos que el amor está en el tacto,
    pero que son peligrosas las entrañas.

Nos entregaron el miedo brillante de los ritos
y nos convencieron para modificarnos.

El capitalismo hizo el resto.

Pero todas las niñas están condenadas a crecer.
Y algunas desearán volcar la luz sobre la piedra
    rotunda con que se construyeron
y ansiarán multiplicarse hacia la altura
y acabar la catedral del cuerpo
con la ligereza vertical del gótico.

Entonces se darán cuenta de la dificultad
de abrir ventanas y vidrieras,

de las mentiras con que las fortificaron,

de que el mundo es una galaxia
    de mujeres pariendo cada vez menos niñas.

Y todo el cuerpo será una herida a deshora.
Y quienes nos convencieron, los mismos,
nos recriminarán haber llegado tarde,
nos harán responsables de la llaga.

Mira cómo tiemblan los noes
bajo la tibieza de la orina.

7. Si yo soy una niña, si guardo
6. la torpeza y el miedo
5. a la vida intactos,
4. si me cuesta
3. todavía
2. habitar
1. en mí

8. ¿cómo es posible que el confeti
7. esté ya en el suelo? ¿cuándo
6. acabó la cabalgata? ¿dónde
5. están las carrozas?
4. ¿qué ha sido de
3. todas las niñas
2. que llevaba
1. dentro?

El momento ~~oportuno~~

Ellas significaban el tiempo y su confeti mojado,

la alegría medular de la verbena

y los secretos arenosos de lo que pasó después
—de lo que quizá ya había pasado antes—.

También su amor era medular y arenoso
y nos regalaba la seguridad de que siempre
seríamos pequeñas bajo sus años.

A sus retratos de juventud les atribuimos
la belleza que queríamos para nosotras
y sonreímos a escondidas
                    al pensarnos sus herederas.

Cubrimos con purpurina los dañitos,
sus dañitos que sin saberlo ya eran nuestros

y que quizá fueran una vertical de carne herida
que el crecer impetuoso de nuestros cuerpos negaba.

Supongo que nosotras somos
el barranco que volverá a inundarse,
     la memoria voraz del agua
que la mano humana desvía.

Pero también la ternura poblada de su voluntad,
el sabroso fruto de los ritos del apego,

nuestras propias cosas del querer.

¿A ti también se te adensaron las ganas
cuando faltó ella?

L	M	X
27.	28.	~~1.~~ ~~¿Adónde~~
~~6.~~ ~~Como el~~	~~7.~~ ~~ciervo huiste~~	~~8.~~ ~~habiéndome~~
13. Buscando	14. mis amores	15. iré por esos
~~20.~~ ~~ni temeré~~	~~21.~~ ~~las fieras;~~	~~22.~~ ~~y pasaré~~
~~27.~~ ~~plantadas~~	~~28.~~ ~~por la mano~~	1.

PROGRAMADO

J	V	S	D
~~2.~~ ~~te escondiste,~~	~~3.~~ ~~Amado,~~	~~4,~~ ~~y me dejaste~~	~~5.~~ ~~con gemido?~~
~~9.~~ ~~herido;~~	~~10.~~ ~~salí tras ti~~	~~11.~~ ~~clamando~~	~~12.~~ ~~y eras ido.~~
16. montes y	17. riberas;	~~18.~~ ~~ni cogeré~~	~~19.~~ ~~las flores~~
~~23.~~ ~~los fuertes y~~	~~24.~~ ~~fronteras.~~	~~25.~~ ~~¡Oh, bosques~~	~~26.~~ ~~y espesuras~~
2.	3.	4.	5.

JODER

Así lo llamaban las mujeres mayores.

No hablaban de *hacer el amor* ni
de ninguno de esos eufemismos pegajosos
como higos despanzurrados bajo la suela del zapato.

Decían *joder*, con su fricción vibrante
desde el fondo de la garganta   hasta la punta de la lengua
—el camino inverso que recorría el semen de sus hombres—.

Lo llamaban así, sin remilgos que aguaran
la dulcísima bestialidad
de la carne que se gana entre resuellos.

Y jodían, a pesar de las espinas del trabajo
que se abrían como flores entre las fibras.

El deseo y su impresión en las entrañas
podían traer una niña o un niño o una pena
o el alivio del calor de la sangre en cada mes.

Pero joder era joder,
y el estremecimiento de sus cuerpos, solo suyo.

Que no se nos astillen las fechas ni el frío
de los ciclos   con su rumor de batas blancas.

Que no se nos olvide, amor,
que follamos porque nos queremos.

El hilico

En tu corazón y el mío
hay un hilico de seda

Se nos enreda el hilico,

el que nos une los centros
y se empapa en las entrañas.

Tanto quererse adentro,
tanto quererse afuera.
Y pensar en lo querido,
y pensar en lo querible.

Se nos ha enredado el hilico.

Pero un nudo no es un bebé.

Material escolar

¿Nos hemos soltado las manos
al pasar por delante   de la papelería?

Duelodueloduelodueloduelodueloduel
odueloduelodueloduelodueloduelodue
lodueloduelodueloduelodueloduelodu

eloduelodue	eloduelodue
lodueloduel	odueloduel
oduelodue	loduelodue
lodueloduel	oduelodduel
o d u e l o d u	eloduelodu
eloduelodue	lodueloduel
oduelodduel	oduelodue
loduelodue	lodueloduel
oduelodduel	oduelodue
loduelodue	lodueloduel
oduelodduel	oduelodue
lodueloduue	lodueloduel

odueloduelodueloduelodueloduelodue
loduelodueloduelodueloduelodueloduelo
dueloduelodueloduelodueloduelodueloduelo

Los bordes

Díselo a él. Cántale a ella.
Comparte el fresco paisaje de esta herida.
No está solo el duelo de nuestras cinturas.

Díselo a ella. Cántale a él.

Continuidad de los cuerpos

¿Y si el cuerpo nuevo borra
la continuidad líquida que somos,
la manera en que nos envolvemos
y restallan chispitas de carne?

¿Y si hay algo que se rompe,

si el imperio desaparece
en pos de una nueva idea
que saque el placer del centro
y funde una dicha inédita

que nos religue   con el calor de las venas,
pero nos quiebre   como amantes?

¿Y si hay algo que ya no completo?

¿Y si ya no soy yo   necesario?

El esposo

He poblado tu vientre de amor y sementera,
he prolongado el eco de sangre a que respondo
y espero sobre el surco como el arado espera:
he llegado hasta el fondo.

Morena de altas torres, alta luz y ojos altos,
esposa de mi piel, gran trago de mi vida,
tus pechos locos crecen hacia mí dando saltos
de cierva concebida.

He poblado tu vientre de amor y sementera,
he prolongado el eco de sangre a que respondo
y espero sobre el surco como el arado espera:
he llegado hasta el fondo.

Morena de altas torres, alta luz y ojos altos,
esposa de mi piel, gran trago de mi vida,
tus pechos locos crecen hacia mí dando saltos
de cierva concebida.

He poblado tu vientre de amor y sementera,
he prolongado el eco de sangre a que respondo
y espero sobre el surco como el arado espera:
he llegado hasta el fondo.

Morena de altas torres, alta luz y ojos altos,
esposa de mi piel, gran trago de mi vida,
tus pechos locos crecen hacia mí dando saltos
de cierva concebida.

He poblado tu vientre de amor y sementera,
he prolongado el eco de sangre a que respondo

Qué vértigo modificar tu cuerpo,
transformarte, transformarnos,
constituirnos galaxia,
crearnos en ti.

Qué vulnerabilidad al entregarse a la tierra,
al darse todo y no saber
si podré crecerte dentro como el cerezo,
si abriremos amor en las entrañas,
si compartiremos la sangre.

y espero sobre el surco como el arado espera:
he llegado hasta el fondo.

Morena de altas torres, alta luz y ojos altos,
esposa de mi piel, gran trago de mi vida,
tus pechos locos crecen hacia mí dando saltos
de cierva concebida.

He poblado tu vientre de amor y sementera,
he prolongado el eco de sangre a que respondo
y espero sobre el surco como el arado espera:
he llegado hasta el fondo.

Morena de altas torres, alta luz y ojos altos,
esposa de mi piel, gran trago de mi vida,
tus pechos locos crecen hacia mí dando saltos
de cierva concebida.

He poblado tu vientre de amor y sementera,
he prolongado el eco de sangre a que respondo
y espero sobre el surco como el arado espera:
he llegado hasta el fondo.

Morena de altas torres, alta luz y ojos altos,
esposa de mi piel, gran trago de mi vida,
tus pechos locos crecen hacia mí dando saltos
de cierva concebida.

Qué miedo basal y fosforescente
a que el placer se haya hecho hijo
y seamos nosotros el surco que espera
la crecida del tallo que cruje de vida.
Poblados y nuevos en el goce
de tu carne, en su futuro.

Pero qué miedo, insisto, qué miedo
a que hallamos llegado hasta el fondo
y mis brazos de ciervo derramado
no puedan sostener
tu fuerza creadora.

Pompas

Pero   ¿y si decidimos que no
o sencillamente no sucede?

¿no estará partida ya   la longitud
                                de nuestras bocas?

¿los esféricos vocablos de amor, estallados
sin ruido en el aire?

                ¿los torsos levemente desplazados,
        como imposibles de encajar por completo?

Una sonrisa que sí y una sonrisa que no
entreveradas. Una duda caliente.
Un miedo de celofán sobre las piernas.
Un fantasmita dorado entre nosotros.

Y un rastro jabonoso en nuestro sexo.

COPLAS DEL HIJO-PADRE

Amigo de sus amigos,
¡qué señor para criados
y parientes!
¡Qué enemigo de enemigos!
¡Qué maestro de esforzados
y valientes!

No se me extienden los brazos,
no alcanzan la envergadura
de mi padre.
Hijo siempre entre sus manos
de una torcida dulzura
inestable.
Quizá la carne le duela,
quizá yo le hice hombre
siendo hijo.
Masculinidad completa,
redondel que nos esconde,
quebradizo.

Con qué daño nos cobija,
qué herida nos transfiere
con su amor.
Cómo cogeré a mi hija
sin pulso que te recuerde,
sin tensión.
Y si no se me encarnara
la vida, si no pudiera,
¿qué haré?

Si escogiera la nada,
si en verdad no quisiera,
¿temblaré?

¿Qué me hará hombre a mí?
¿De dónde viene este miedo
tan punzante?
¿Qué ha ocurrido? ¿Qué sentí
con estos brazos al cielo
que no se abren?
¿Qué me anclará a ti,
al empuje de tu cuerpo
incesante?
Mira este niño sin fin,
transformado en su vuelo:
todo padre.

NANA DE LA HIJA-MADRE

> *Duérmete, clavel,*
> *que el caballo no quiere beber.*

Nana, niño, nana
del cuerpo de hija
convertido en llaga,
convertido en yema
dentro de las ramas.
Que se asoma al borde
de la carne blanda,
coge con los dedos
los restos de agua,
los restos de hombre
que mira extrañada.

> *Duérmete, rosal,*
> *que el caballo se pone a llorar.*

El ansia de vida
que ahora resbala,
que ya no es sexo,
que aquí los separa.
Siente tanto frío,
le tiembla la plata
que fuera del cáliz
ya no vale nada.
La pregunta brota
sobre la garganta,
pero tiene miedo

y piensa en las ramas
que albergan las yemas
que esconden las llagas.

Duérmete, clavel,
que el caballo no quiere beber.

Abundan los noes
croando en la charca,
las hijas sin hijas,
corriente estancada.
Hay otras que lloran,
hay otras que maman
y bajo los puentes
les limpian la baba.
Y ella las mira
—¿las estoy mirando?—
y añora su cama,
estremecimientos:
su nombre en la cara
y su peso encima
cuando todo acaba.

Duérmete, rosal,
que el caballo se pone a llorar.

Abierta en el goce,
surco que emana:
¿acaso no tiemblas
en esta hondonada?
A temblar se viene
sobre esta montaña

que aprieto muy fuerte
bajo tu almohada.

> *Duérmete, clavel,*
> *que el caballo no quiere beber.*

Yo quiero tocar
la orilla mojada,
tu labio caliente,
la pulpa que lamas.

Yo quiero que mires
con fuerza, con ganas,
mi carne de hija
tal vez transformada
en carne de madre
temida, deseada.

Guirnalda

Estoy poniendo purpurina en la pupa:
esa ciencia infantil que quiero para el cuerpo propio.

Un sexo vivo   de colorines.

ÍNDICE

Esta primera edición
de **Chispitas de carne**,
de **Bibiana Collado Cabrera**,
se terminó de imprimir
en Barcelona
el 19 de agosto de 2024.

¡Ojalá te haya interesado esta lectura!
Si ha sido así, te animamos a compartirla
en tus redes sociales.
Tenemos perfiles como @labellavarsovia
en Facebook, Instagram y Twitter.
Y en nuestra web, labellavarsovia.com,
encontrarás información
sobre todos nuestros libros.

ISBN 978-84-120904-5-1
12,90 €
92 páginas

El lenguaje puede transformar la realidad y puede generar también violencia. A ese abismo se asoma este libro valiente y necesario: ¿cómo hablar de la violencia desde un idioma heredado, desde un idioma que ha permitido que exista esa violencia? Bibiana Collado Cabrera es consciente aquí de que solamente las palabras —violentas, incómodas— pueden hacer que lo oculto salga a la luz, para señalar el daño y apuntar hacia el lugar donde se esconde la herida, para que el recuerdo del golpe cicatrice, o para dar aviso a las demás: esto hay que contarlo, esto tiene que saberse. *Violencia* entra de lleno en el mecanismo de los malos tratos, y nos reprocha desde su aparente intimidad. ¿Qué clase de sociedad lo permite? ¿Cómo poner fin a la violencia sin participar de sus leyes?

Finalista del Premio de la Crítica Literaria Valenciana en la categoría de poesía.